HIER BEWEGT SICH WAS

Band 59

Hier bewegt sich was

Eltern-Kind-Turnen und Kinderturnen
in Kindergarten, Schule und Verein
Band 59

Auf dem Ponyhof

Auf die Ponys!

Kommt jetzt mit – los geht es im Schritt ...
Macht nicht schlapp – lauft im Trab ...
Ruf ich hopp – springt Galopp ...

Meyer & Meyer Verlag

Herausgeberin: Heidi Lindner, Pipo-Lernwerkstatt, Neumünster
Autorinnen: Gisela Stein, Heidi Lindner, Jenny Rabe
Illustrationen: Silke Mehler
Bearbeitung: Marion Schwalbe

Auf dem Ponyhof

Bibliografische Information Der Deutschen Bibliothek
Die Deutsche Bibliothek verzeichnet diese Publikation in der Deutschen Nationalbibliografie; detaillierte bibliografische Daten sind im Internet über http://dnb.ddb.de abrufbar.

Adelaide, Auckland, Budapest, Graz, Johannesburg, Miami, Olten (CH), Oxford, Singapore, Toronto
Member of the World
Sport Publishers' Association (WSPA)
Druck:
FINIDR, s. r. o., Český Těšín
ISBN 3-89124-759-1
E-Mail: verlag@m-m-sports.com

Inhaltsverzeichnis

LIEBE LESERINNNEN , LIEBER LESER

für unsere Kleinsten liegt alles Glück der Erde auf dem Arm der Mutter, dem Schoß des Vaters oder der Großeltern und ein paar Jahre später vielleicht auch auf dem Rücken eines Ponys. Ganz besondere Freude erleben die Kinder, wenn das Pony „Papa" oder „Mama" heißt und sie selbst huckepack, hoch oben auf den Schultern oder auf dem Rücken sitzend, gemeinsam durch die Gegend reiten.

Die Umgestaltung unserer Turnhalle in einen Ponyhof fällt nicht schwer. Haben wir doch in den (meisten) Hallen sogar ein echtes (Turn-)Pferd. Geräte und Materialien zum Bau von Ställen, Pferdeboxen, Striegelwiesen, Hindernissen im Springparcours sowie Zaumzeug und Zügel sind ausreichend zu finden.

Schließlich treffen auch schon die Ponys und Reiter ein: Kleine, zarte, runde, große, helle, braune, bunt gescheckte, kurz- und langbeinige, muntere, dickköpfige und zu allen Späßen aufgelegte, manchmal auch etwas müde oder anfangs etwas träge, zurückhaltende oder mutige Teilnehmer finden wir in allen Kinder- und Eltern-Kind-Turngruppen.

Mit alten, wieder entdeckten Kniereiterspielen und neuen Reimen, die in aktuelle Schoßspiel- und Bewegungsformen umgesetzt werden, bereiten wir Kleinen und Großen gleichermaßen Freude und Glücksgefühle, sodass diese Spiele auch zu Hause von Eltern und Kindern gern wiederholt werden.

Etwas ernster wird es, wenn wir mit den Reitern auf die Seilspringmaus treffen, die uns mit immer neuen Seilspringrekordversuchen das richtige Erwärmungsprogramm für das große Ponyreitturnier bietet.

Auf dem Turnierplatz bereiten sich alle gut vor, üben das richtige Anlaufen, Abspringen und Aufknien oder Aufhocken und trainieren das Abrollen für den Ernstfall – den Sturz vom Pony.

Abschließende Voltigierübungen, eine Ponyquadrille mit Musik oder eine ruhige Kutschfahrt sorgen bei Ponys und Reitern ebenso für Entspannung wie die Ponystriegelzeit vor dem Einschlafen.

Habt ihr nicht Lust, nach den Reiterlebnissen in der Turnhalle, gemeinsam mit eurer Gruppe, einen Ausflug auf einen echten Ponyhof oder in eine Reitschule zu organisieren?

Wir wären sofort dabei – hoch zu Ross!

Pipo, Silke Mehler, Jenny Rabe, Heidi Lindner

„Schimpfe nie mit deinem Pony..."
„...rede sanft und freundlich mit ihm!"
„Das hat die selbe Wirkung!"

FINGERSPIELE UND KNIEREITER

Wer erinnert sich nicht gerne an die lustigen Kniereiterspiele auf dem Schoß eines Erwachsenen aus der eigenen Kindheit?

Diese fröhlichen „Hopserspiele" sind bei den Kleinen heute genauso beliebt wie zu unserer Zeit. Damit sie nicht in Vergessenheit geraten, haben wir einige Kniereiterspiele zusammengetragen, bringen sie unseren Eltern und Kindern in der Turnhalle bei, damit sie sie mit nach Hause nehmen und dort weiterspielen können.

Fingergalopp

– Text: Silke Mehler, Heidi Lindner –

Ponypferdchen, geh im Schritt.
Alle Finger gehen mit.
Schritt, Schritt, Schritt, Schritt, ...

Ponypferdchen, komm in Trab.
Hey ihr Finger, macht nicht schlapp.
Trab, Trab, Trab, Trab, ...

Ponypferdchen, lauf Galopp.
Alle Finger hopp, hopp, hopp.
Galopp, Galopp, Galopp, Galopp, ...

Ponypferdchen, spring ganz weit.
Alle Finger sind bereit.
Galopp, Galopp, Galopp und hopp, ...

Jeweils zur letzten Zeile der vier Strophen spielen die Finger mit. Sie klopfen im Takt auf den Tisch oder den Boden, z. B. mit dem Zeige- und Mittelfinger der einen Hand oder sogar mit beiden Händen gleichzeitig.

Wenn die Kinder das Spiel schon gut kennen und die unterschiedlichen Rhythmen herauszuhören sind, meldet sich ein „Reiter" – es ist die Faust der anderen Hand, die auf den Handrücken der Spielhand gesetzt wird.

Nach den folgenden beiden Textzeilen beginnt das Spiel mit einer kleinen Textveränderung – statt „Finger" wird der „Reiter" eingesetzt – von vorn:

Ponypferdchen, lauf nur weiter,
jetzt bekommst du einen Reiter ...

Ponypferdchen, geh im Schritt.
Alle Reiter gehen mit.
Schritt, Schritt, Schritt, Schritt, ...

usw. mit den Strophen 3 und 4.

Ponypferdchen, komm in Trab...

Letzte Strophe:

Ponypferdchen macht jetzt schlapp
und wirft seinen Reiter ab – prrrrrr.

Voller Spannung beobachten alle, wie lange sich der „Reiter" auf dem Ponypferdchen halten kann. Die Koordination beider Hände ist nun noch mehr gefordert.

Bewegungsintensivere Idee:

Tauscht man das Wort „Finger" jeweils gegen „Kinder" (kleine und große Kinder im Eltern-Kind-Turnen), so lässt sich dieses Spiel sofort in Bewegung umsetzen. Zum Text, in dem entsprechenden Rhythmus gesprochen, gehen, traben oder galoppieren die Teilnehmer kreuz und quer durch den Raum oder auf einer Kreisbahn herum.

Und wer schafft es, einen Reiter huckepack ein Stück mitzunehmen?

Auf dem Schoß geht es los

– Text und Spielidee: Silke Mehler, Heidi Lindner –

Der folgende Fünfzeiler ist ein kleines rhythmisches Spiel, das schon im zarten Babyalter auf dem Schoß eines Erwachsenen gespielt werden kann. Es ist schon ein wenig überraschend, was durch das einfache Auswechseln eines einzigen Wortes (siehe Fettdruck) daraus werden kann – eine intensive und sehr bewegungsaktive Spieleinheit für Eltern (Erwachsene) und Kinder zu Hause oder in der Turnhalle. Viel Spaß!

Für das kleine Baby:

Unsere Merle (unser ...) liegt (sitzt, steht) nicht still,
weil sie (er) gerne **strampeln** will.
Achtung, fertig – jetzt geht's los!
Arme, Beine, rauf und runter,
unsere Merle (unser ...), die/der ist munter.

Zeile 1+2: *Die Eltern legen ihr Kind auf den Schoß und krabbeln mit den Fingern zart über den ganzen Körper.*

Zeile 3: *Die Eltern bauen sprachlich eine Spannung auf, lassen die Finger dabei in der Luft hin- und herzappeln und fassen am Ende die Händchen oder Füßchen des Babys.*

Zeile 4+5: *Die Eltern fassen die Händchen bzw. Füßchen und bewegen sie zärtlich auf und ab.*

Für das sitzende Kind:

Jetzt werden die Bewegungsarten gewechselt und je nach Bewegungsvermögen der Kinder variiert. Die Sprechgeschwindigkeit in der vierten und fünften Zeile wird den Bewegungen so gut wie möglich angepasst.

... **hoppeln** ...

Die Kinder sitzen auf dem Schoß der Erwachsenen.

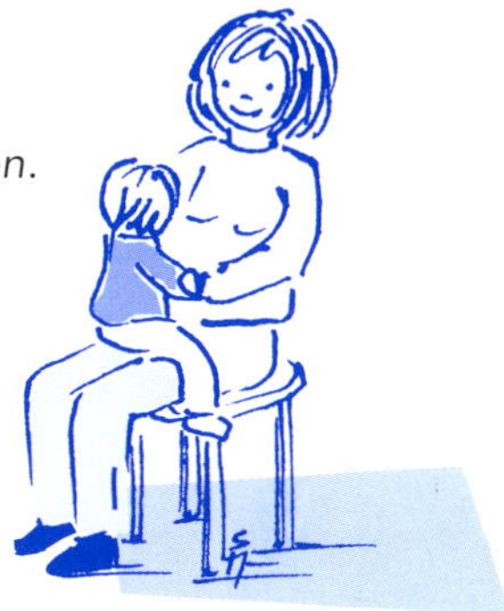

... **schaukeln** ...

Die Kinder sitzen auf den Füßen bzw. den Unterschenkeln der Erwachsenen.

... **rutschen** ...

Die Kinder sitzen auf den Oberschenkeln der gestreckten Beine und rutschen Stück für Stück bis zu den Füßen hinunter.

... reiten ...

Die Kinder sitzen vor dem Bauch, auf dem Rücken oder sogar auf den Schultern der Erwachsenen.

... schweben/fliegen ...

Die Erwachsenen liegen auf dem Rücken, die Kinder auf den Unterschenkeln.

Die Kinder liegen auf den Füßen der Erwachsenen. (Achtung, die Füße – barfuß, Sockfuß oder Gymnastikschuh – der Erwachsenen schräg in die Leistenbeuge der Kinder setzen!)

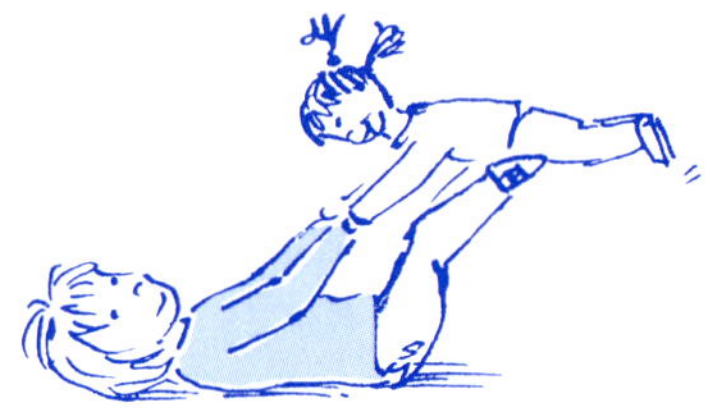

... rollen ...

Die Kinder rollen über eine Schulter des Erwachsenen in den Schoß hinein.
(Den Kopf mit einer Hand führen und mit der anderen Hand am Po/ Oberschenkel halten.)

Sicher findet ihr noch mehr Möglichkeiten.

Mein Schaukelpferd

– Text und Idee: Heidi Lindner –

Jetzt bin ich dein Schaukelpferd,
bleibe still am Boden liegen:

Sieh, schon bist du aufgestiegen.
Setz dich hin, halt dich gut fest,
dann besorge ich den Rest.

Schaukel langsam vor – zurück,
immer weiter, Stück für Stück.
Schaukel auch mal hin und her,
hey, das ist doch gar nicht schwer.
Und nun geht es rundherum,
denn ich dreh mich einfach um.
Jetzt ´ne wilde Reitpartie
und du schaukelst wie noch nie.
Schließlich halt ich langsam an,
damit man mich jetzt streicheln kann.

Ich bin nun ganz müd und schlapp,
bitte, Reiter (Name des Kindes), steig jetzt ab.

Eltern – sind die Schaukelpferde für die Kinder, sie knien zuerst und führen dann alle Bewegungen nacheinander im Vierfüßlerkniestand aus.

Dieser Sprechvers eignet sich im Eltern-Kind-Turnen hervorragend, um die Eltern von vornherein zum Mitmachen zu motivieren. Ohne ihr Mitspielen kann das Kind dieses schöne Körper- und Bewegungsgefühl nicht erleben.

Traditionelle Kniereiterspiele

Mit einer kleinen Sammlung von alten, traditionellen Kniereiterspielen möchten wir den jungen Eltern ein erstes Repertoire für die Bewegungsaktivität schon für die Allerkleinsten anbieten.

Spielidee 1:

Die Kinder liegen oder sitzen auf dem Schoß des Erwachsenen, genießen den Körperkontakt, die ruhige und rhythmisierende Stimme der vertrauten Person und die gleichmäßigen Bewegungen.

Spielidee 2:

Jede Familie benötigt einen Pezziball und eventuell eine Matte.

- Die Eltern setzen sich mit ihrem Kind gemeinsam auf den Pezziball. In der Gruppe wird ein Kniereiterspiel durchge führt, wobei die Eltern mit den Kindern auf dem Ball kräftig hüpfen und sich zum Schluss vom Ball eventuell auf eine Matte herunterplumpsen lassen.
- Jedes Kind setzt sich allein auf einen Pezziball. Wenn es noch nicht stabil sitzen kann, helfen die Eltern. Wie der „Plumps" am Ende des Spiels stattfinden soll, kann sich jedes Kind selbst ausdenken, z. B. nach vorne auf den Po plumpsen lassen oder mit einem kräftigen Hops vom Ball abspringen.

Hoppe, hoppe, Reiter

– Mündlich überliefert –

Hoppe, hoppe, Reiter,
wenn er fällt, dann schreit er.

Fällt er in die Hecken,
fressen ihn die Schnecken.

Fällt er über'n Stein,
bricht er sich das Bein.

Fällt er in das grüne Gras,
macht er sich die Hose nass.

Fällt er in den Graben,
fressen ihn die Raben.

Fällt er in den Sumpf,
macht der Reiter plumps.

Spielidee:

Das Kind auf den Schoß nehmen und auf den Oberschenkeln reiten lassen, schließlich bei „plumps" sanft nach hinten fallen lassen.

Hoppe, hoppe, Reiterin

– Text: Silke Mehler–

Hoppe, hoppe, Reiterin,
langsam reiten, macht kein´n Sinn.

Wir reiten über Stock und Stein,
jede will die Erste sein.

Und fällt sie dann ins Stroh,
dann ist sie aber froh!

Spielidee:

Das Kind auf den Schoß nehmen und auf den Oberschenkeln reiten lassen, schließlich bei „Stroh" sanft nach hinten fallen lassen und schwungvoll wieder aufheben.

Hätt ich doch ein Pony

– Mündlich überliefert –

Hätt ich doch ein Pony.
Hätt ich doch ein Pony,
ach, wie wär das fein,
könnt ich darauf reiten
über Stock und Stein!
Hopp, hopp, hopp,
... plumps.

Hätt ich doch ein Eselchen,
tripp, tripp, trapp,
tripp, tripp, trapp,
zög es meine Kutsche,
bergauf und -ab!
Tripp, tripp, trapp,
wirf mich nur nicht ab.

Spielidee 1:

Das Kind auf den Schoß setzen. Den Text sprechen und das Kind auf den Knien reiten lassen.

Spielidee 2:

In der zweiten Strophe aufstehen und das Kind vor dem Bauch sitzend, wie in einer Kutsche, durch den Raum tragen. Am Ende wird es auf einer weichen Unterlage (Sofa, Bett, Kissen, Weichboden) abgelegt.

So fahren die Damen

– Mündlich überliefert –

So fahren die Damen,
so fahren die Damen.

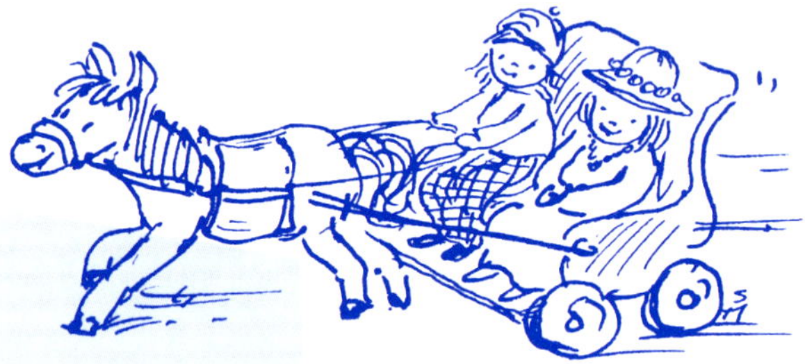

- *Eltern – setzen das Kind auf den Schoß und schaukeln langsam mit den Beinen von links nach rechts.*

So reiten die Herren,
so reiten die Herren.

- *Eltern – bewegen beide Beine gleichzeitig schneller auf und ab.*

So rumpelt der Bauer zum Tor hinaus,
so rumpelt der Bauer zum Tor hinaus.

- *Eltern – bewegen die Beine abwechselnd und ganz schnell auf und ab. Das Kind wird richtig durchgeschüttelt.*

LIEDER

Beim Singen der nachfolgenden Lieder schlüpfen die Kinder und Eltern in die Rolle von Pferden oder Reitern. Das Takt- und Rhythmusgefühl wird ganz spielerisch geschult, die Kinder lernen die unterschiedlichen Gangarten der Pferde kennen und die Wirkung von unterschiedlichen Tempi im Gesang auf die Bewegungsumsetzung wird deutlich spürbar.

Tragen die Eltern ihre Kindern dabei huckepack, auf den Schultern oder auf dem Rücken, wird das Spiel noch bewegungsintensiver.

Geht mein Pferdchen

– Mündlich überliefert –

1. Geht mein Pferdchen Schritt vor Schritt, ei, geh zu Fuß ich mit.

Kinder und Eltern probieren die Pferdegangart „Schritt" auf freien Raumwegen aus, indem sie die Knie anziehen und gehen.

2. Lieber läuft es tripp, tripp, trapp, bitte wirf mich nur nicht ab..

Kinder und Eltern laufen zur Gangart „Trab".

3. Doch am liebsten läuft's hopp, hopp, immmer wieder im Galopp.

Kinder und Eltern hüpfen zur Gangart „Galopp".

4. Pferdchen wird wohl müde sein, geht nun in den Stall hinein.

Kinder und Eltern werden wieder langsamer, gehen im Schritttempo und suchen sich schnell einen Platz im Stall (z. B. Matten im Raum verteilt) aus.

Zum Ausklang können die Leiterin oder die Eltern die Pferde in ihren Ställen besuchen, ihnen etwas Hafer geben und sie streicheln.

Ich bin ein kleines Pony

Ich bin ein kleines Pony,
mein Reiter, der heißt Conny.
Ruft Conny einmal: Hopp!
Dann laufe ich Galopp.

1. STROPHE:

Ich bin ein kleines Pony,
mein Reiter, der heißt Conny.
Wird mir die Puste knapp,
dann laufe ich im Trab.

2. STROPHE:

Ich bin ein kleines Pony,
mein Reiter, der heißt Conny.
Und komm' ich nicht mehr mit,
dann gehe ich im Schritt.

3. STROPHE:

Ich bin ein kleines Pony,
mein Reiter, der heißt Conny.
Und bin ich richtig schlapp,
dann werf ich Conny ab.

BEWEGUNGSIDEE 1:

Alle Teilnehmer galoppieren, traben oder gehen im Takt des Liedes durch den Raum.

BEWEGUNGSIDEE 2:

Paarweise halten sich die Kinder oder Eltern und Kinder gegenseitig am Zügel/Seil und spielen das Lied auf der Kreisbahn.

BEWEGUNGSIDEE 3:

Eltern - sind die Ponys und tragen ihre Kinder als Reiter huckepack oder auf den Schultern. Sie verändern ihre Schrittart entsprechend dem gesungenen Text.

Hopp, hopp, hopp, Pferdchen lauf Galopp!

– Mündlich überliefert –

1. Strophe:
Hopp, hopp, hopp! Pferdchen, lauf Galopp.
Über Stock und über Steine,
aber brich dir nicht die Beine.
Hopp, hopp, hopp! Pferdchen, lauf Galopp.

2. Strophe:
Hopp, hopp, ho! Pferdchen frisst kein Stroh.
Muss dem Pferdchen Hafer kaufen,
dass es kann im Trabe laufen.
Hopp, hopp, ho! Pferdchen frisst kein Stroh

3. Strophe:
Br, br, he! Steh, mein Pferdchen, steh!
Sollst noch heute weiter springen,
muss dir erst das Futter bringen.
Br, br, he! Steh, mein Pferdchen, steh!

Die Kinder während des gesamten Spiels auf den Knien reiten lassen, mal schneller, mal langsamer.

WAHRNEHMUNG

Bei diesem Rückenwahrnehmungsspiel kommen unterschiedliche Materialien wie Schwämme, Kämme oder Bürsten zum Einsatz. Dadurch wird hauptsächlich die taktile Wahrnehmung angesprochen. Gleichzeitig lösen Rückengeschichten bei Kindern im Allgemeinen Wohlbehagen aus, fördern die Konzentrationsfähigkeit und regen die Fantasie an.

PONYS STRIEGELZEIT

– EIN RÜCKENWAHRNEHMUNGSSPIEL –

Ponys werden jeden Tag gebürstet und gestriegelt. Durch die Fellpflege, das aufmerksame Beobachten und Befühlen wird ein intensiver Kontakt zum Pony hergestellt. Wenn Eltern und Kinder das Rückenwahrnehmungssspiel miteinander spielen, erleben sie eine emotionale Nähe ähnlich wie Reiter und Pony.

MATERIAL: Für jedes Eltern-Kind-Paar eine Matte oder eine Decke.

Für die tägliche Fellpflege der Ponys benötigen wir einige Utensilien, die in einer Putzbox verstaut sind. Die Teilnehmer werden gebeten, möglichst viele Utensilien selbst mitzubringen oder Ähnliches zu besorgen. Die Putzbox kann ein leerer Kasten, Eimer oder Korb sein.

In der Putzbox finden wir:

- Schwämme
- Weiche Bürsten
- Wurzelbürsten
- Kämme
- Gummistriegel/gelbälle
- Pinsel/Pinselstiel als Hufkratzer

Jeweils zwei Kinder oder ein Eltern-Kind-Paar spielen zusammen.

Die Person, die das Pony spielen möchte, legt sich mit dem Bauch auf eine Matte. Vor Beginn des Spiels sollten die Teilnehmer ihre Schuhe ausziehen.

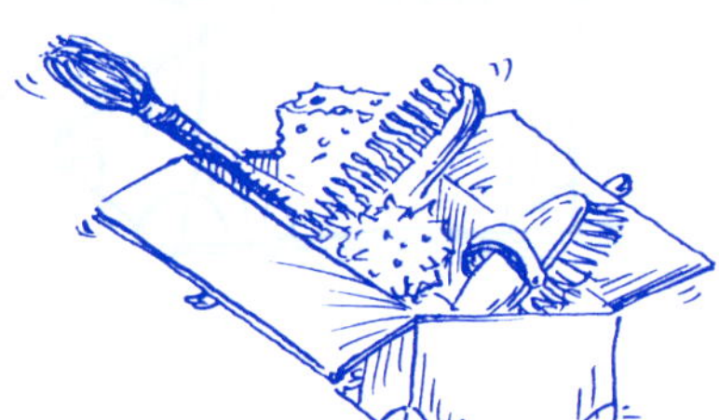

Die Übungsleiterin erzählt die Geschichte:

Das kleine Pony hat den Ausritt mit dir sehr genossen. Draußen im Wald ist das Reiten eben am schönsten! Es ist vom Traben und Galoppieren ganz schön müde geworden und träumt von einer saftigen, grünen Wiese zum Sattessen.

Alle Finger galoppieren über den Rücken. Danach eine Hand auf den Rücken legen.

Das Pony lässt sich von dir auf den Hof führen und an ein Gatter festbinden.

Mit einem Finger Schlangenlinien malen und an einer Stelle stehen bleiben.

Es ist ganz ruhig, wackelt noch einmal mit seinen Ohren, schaut dich mit seinen großen braunen Augen vertrauensvoll an. Vorsichtig tastest du mit den Händen über seinen Rücken.

Mit den Händen sacht über den Rücken streicheln.

Nun rubbelst du Schmutz mit der Wurzelbürste von seinem braunen Fell ab. Du kannst mit und gegen die Fellrichtung bürsten.

Die Wurzelbürste nehmen und sacht über den Rücken bürsten.

Um stark verklebte Stellen auf dem Fell aufzurauen, nimmst du den Gummistriegel und striegelst damit vorsichtig die betroffenen Stellen auf seinem Rücken.

Mit dem Gummistriegel oder einem Igelball über den Rücken rubbeln.

Für den Kopf sind diese Bürsten zu hart. Deshalb benutzt du dort eine weiche Bürste und fährst damit weiter über den ganzen Ponykörper. Mit leichtem Druck bürstest du die Haare in Fellrichtung glatt. Besonders aufmerksam solltest du die Stellen bürsten, auf denen der Sattel liegt.

Mit der weichen Bürste über den ganzen Körper streichen, möglichst am Kopf beginnen und in eine Richtung von oben nach unten bürsten.

Nun muss die Mähne gekämmt werden. Du nimmst am besten ein paar Haare auf einmal. Wenn sie sehr verwirrt sind, ziehst du sie vorsichtig mit dem Mähnenkamm auseinander. Es ist wichtig, dass du dabei kein Haar ausreißt, weil es einige Jahre dauert, bis es wieder nachgewachsen ist.

Mit dem Kamm vorsichtig die Haare des Kindes kämmen.

Zum Schluss wird der Ponyfuß gesäubert. Es kann sein, dass in den Huf Schmutz hineingekommen ist, weil er etwas ausgehöhlt ist. Mit einem Schwamm wischst du an den Beinen hinunter bis zum Fuß und wäschst den Huf von innen und außen ab.

Mit einem Schwamm an den Beinen und Füßen entlang streichen.

Sind die Hufe vom Pony getrocknet, kannst du sie mit dem Hufkratzer auskratzen und mit einem Pinsel Huföl darauf pinseln.

Mit dem Pinselstiel über die Fußsohle kratzen und mit dem Pinsel darüber streichen.

Dein Pony wiehert einmal ganz leise. Auf diese Weise möchte es sich bei dir bedanken. Du führst es in den Stall und gibst ihm Heu und Hafer.

MUSIK

Mit der „Ponyquadrille" und dem Musikstoppspiel „Auf der Ponywiese" können sich Kinder und Eltern zur Musik bewegen, mit dem Rhythmus spielen und viele neue Bewegungsformen kennen lernen: laute, leise, schnelle, langsame, große, kleine, vorsichtige, mutige ... Schrittformen, die für Ponys typisch sind.

Auf der Ponywiese

– Ein Musikstoppspiel –

Titel 9 – „Wechselhüpfer" – Musikteile: A , B, A, B, A, B ...
Zum A-Teil gehen die Teilnehmer, zum B-Teil traben/laufen alle.

Titel 12 – Hüpfkette – Musikteile: A, B, A, B, A, B ...
Zum A-Teil traben/laufen, zum B-Teil galoppieren/hüpfen die Teilnehmer.

Die Kinder gehen im Schritt, traben oder galoppieren auf ihren zwei Beinen zur Musik durch den Raum. Bei Musikstopp werden die unterschiedlichen Beobachtungsideen der Kinder gesammelt, wie z. B.:

- Wiehern wie ein Pferd.
- Sich drehen.
- Über ein Hindernis springen.
- Heu fressen und Wasser trinken.
- Die Mähne schütteln.
- Die Pferde gehen durch.
- Sich auf dem Boden wälzen.
- Ausschlagen.

Ob die Kinder es auch schaffen, wie die Pferde auf allen Vieren zur Musik zu gehen, zu traben, zu galoppieren?

Könnt ihr die Unterschiede in den Gangarten entdecken?

Musik: CD „Tip ... Tap ... Instrumentalmusik für Notenhopser und Leiseschleicher".

PONYQUADRILLE IN DER MANEGE

Titel 9 – „Wechselhüpfer" oder Titel 12 – „Die Hüpfkette."
Titel „Die Zirkuspferde"

MATERIAL: Braune und weiße Tücher, Stäbe, Seile, Heulschläuche, Reifen, kleine Kästen, Kastendeckel- und -innenteile.

VORBEREITUNG:

Wir bauen eine Manege mit mehreren Hindernissen für Ponys auf, welche, je nach Material- und Geräteangebot, variieren kann. Falls keine Kreismarkierung in der Halle vorhanden ist, kann diese mit Kreppband auf den Boden geklebt werden. Die Größe der Manege orientiert sich an der Teilnehmerzahl.

Die Leiterin überlegt zusammen mit den Kindern, wie der Manegenrand aussehen soll und welche Geräte auf die Kreismarkierung gebaut werden (z. B. abwechselnd kleine Kästen, Kastenober- und -innenteile. Als Hindernisse Seile, Stäbe, Reifen, Schaumstoffteile, Heulschläuche usw. auf den Manegenrand legen.).

MUSIK: Titel 9 „Wechselhüpfer" oder Titel 12 „Die Hüpfkette" CD „Tip ... Tap ... Instrumentalmusik für Notenhopser und Leiseschleicher".
Titel; „Die Zirkuspferde" (De Circuspaarden)
CD „Der erste Schritt. Einfache Tänze für Grundschule und Kindergarten."

Improvisation zur Musik

Die Kinder spielen Ponys und probieren aus, wie sie sich passend zum Rhythmus der Musik in der Manege bewegen können, z. B. vorwärts oder rückwärts, Richtungswechsel, synchron ...

Außerdem entwickeln sie eigene Ideen, wie sie die Hindernisse einsetzen und überwinden wollen, z. B. über liegende Seile und Heulschläuche springen, einige Kinder halten Stäbe zum Überspringen, in den Reifen hinein- und herausspringen ...

Ponychoreografie:

Die Kinder werden in zwei Gruppen eingeteilt, in weiße und braune Ponys. Zur einfacheren Unterscheidung stecken sie sich weiße oder braune Tücher hinten in den Hosenbund.

Wird die Tanzidee das erste Mal durchgeführt, übernimmt die Leiterin die Rolle der Reitlehrerin, später kann auch ein Kind diese Rolle spielen.

Es wird festgelegt, welche schwierigen Dressurfiguren mit Einsatz eines Stabes gezeigt werden.

Nach einer Figur folgt immer wieder das Galoppieren oder Traben (je nach Rhythmus der Musik) im Rund der Manege bis zur nächsten Figur.

DRESSURFIGUREN

Die Reitlehrerin begibt sich in die Mitte der Manege:

- Drehung: Wird der Dressurstab gedreht, bedeutet das, dass sich die Ponys auf der Stelle drehen.
- Sprung: Wird der Stab über den Boden gehalten, springen die Ponys über ein Hindernis.
- Änderung der Laufrichtung: Wird mit dem Stab auf den Boden geklopft, sollen alle Ponys ihre Laufrichtung ändern.
- Steigen: Wird der Dressurstab nach oben gehalten, erheben die Ponys ihre Vorderläufe.

DIE VORFÜHRUNG BEGINNT:

Es wird mit der Gruppe abgesprochen, wo sich der Eingang zur Manege befindet (z. B. werden zwei kleine Kästen auseinander geschoben). Vor diesem Eingang stellen sich vier (je nach Größe der Manege auch mehr) Pferde bereit, auf der einen Seite die weißen, auf der anderen die braunen Ponys.

Zur Musik laufen alle weißen Ponys rechtsherum am äußeren Manegenrand herein, während die braunen Pferde linksherum im Innenkreis laufen. Die Reitlehrerin (Übungsleiterin) variiert nun die Reihenfolge der Figuren.

ABSCHLUSSPOSITION

Zuerst stellen sich die braunen Ponys auf die kleinen Kästen oder Kastendeckel, dann stellen sich die weißen Ponys jeweils neben ein braunes Pony.

Titel 9 „Wechselhüpfer" oder Titel 12 „Die Hüpfkette"
CD„Tip... Tap ... Instrumentalmusik für Notenhopser und Leiseschleicher"
Idee und Umsetzung: Heidi Lindner, Michael Gundlach nach Originaltiteln von Rolf Zuckowski.
© Pipo Lernwerkstatt, Verlag: Meyer & Meyer, Aachen.

Titel „Die Zirkuspferde" (De Circuspaarden) „Der erste Schritt. Einfache Tänze für Grundschule und Kindergarten." von Corinna Vogel
Gustav Bosse Verlag.

KLEINGERÄTE

– ÜBLICHE UND UNGEWÖHNLICHE –

Die hellen oder bunten Seile in unseren Turnhallen werden ganz schön strapaziert, Matten werden mit ihnen zusammengebunden, Bänke in die Ringe gehängt und manche andere Dinge befestigt. Zum Seilspringen, wozu sie ursprünglich einmal gedacht waren, werden sie immer weniger genutzt.

Seilspringen lernen die Kinder heutzutage leider nicht mehr spielerisch von Gleichaltrigen auf der Straße. In unserer Zeit, in der der allgemeine Bewegungsmangel bei Kindern immer noch ansteigt und die Geschicklichkeit sowie das Koordinations- und Ausdauervermögen weiter verloren geht, benötigen die Kinder oft und gezielt motivierende Angebote, sich die „Kunst" des Seilschwingens und Springens wieder anzueignen. Wir haben jemanden kennen gelernt, der uns dabei hilft ...

Der Seilspringmaus-Rekord

Seilschwingen und -springen im Eltern-Kind-Turnen und Kinderturnen

Zuerst ein paar Hinweise für die Übungsleiterinnen:

Der Weg vom einfachen Hüpfer über ein am Boden liegendes Seil, ein in der Luft schwingendes Seil, bis zum Seilspringen allein, oder wie beim Rope Skipping mit dem Partner oder sogar der ganzen Gruppe, ist nicht einfach. Nur wenige Talente nehmen das Seil in die Hand und springen auf Anhieb mehrmals hindurch.

Viele scheitern daran, dass das Seil am Kopf, in den Haaren oder an den Füßen hängen bleibt. Allein das Seil mit beiden Händen zu halten und es dann mit einem schönen, hohen Bogen von hinten nach vorn zu schwingen, kratzt an der oft sehr niedrigen Frustrationsschwelle der Kinder.

Seilspringen erfordert von den Kindern viel Geduld und Ausdauer beim Üben. Ihre Konzentrations- und vor allem Koordinationsfähigkeit ist besonders gefragt, denn gleichzeitig müssen sie (Grobform)

- das Seil mit beiden Händen festhalten.
- die Arme im hohen Bogen vorwärts kreisen lassen.
- im richtigen Moment absprungbereit sein.
- abspringen.
- die Höhe einschätzen.
- rechtzeitig sicher landen.
- gleichzeitig schon den nächsten Bogen schlagen und wieder absprungbereit sein ...

Gehen wir noch einen Schritt weiter zurück – zur richtigen Länge des Seils. Die meisten normierten Seile sind passend für die Eltern, aber die Kinder, besonders die Kleineren, wickeln sich die kleinen Hände mit den Seilenden so ein, dass sie kaum noch zufassen können und schon nach kurzer Zeit das Gefühl bekommen, das Seil nicht mehr (halten) zu können.

Die passende Länge ist individuell schnell gefunden, doch was macht man mit den Enden?

- Die Kinder legen das Seil ziemlich genau halbiert auf den Boden,

- Treten mit einem Fuß hinein und
- Fassen das Seil links und rechts neben dem Fuß an, richten sich auf und lassen das Seil dabei durch die Hände gleiten. Das Seil bleibt leicht gespannt.
- In Achselhöhe ist die richtige Länge erreicht.

Nun kommt der Partner oder die Übungsleiterin ins Spiel, die Restenden werden um eine Faust herum aufgewickelt und mit Klebeband fixiert. Die Kinder fassen das Seil ganz normal am Ende an und lassen die kleinen Seilknäule einfach beim kleinen Finger aus der Faust herabhängen.

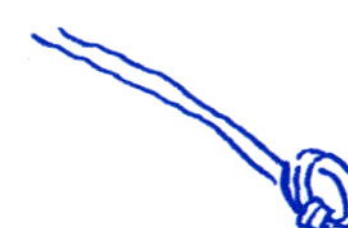

Hat man viele Größenunterschiede in der Gruppe und bunte Seile zur Verfügung, so bewährt es sich, verschiedene Seile vorzubereiten, z. B. die roten Seile alle ganz kurz, die gelben Seile mittellang und blau und grün für die größeren Kinder o. Ä.

Spielerisch wird die Gruppe an den Umgang mit Seilen herangeführt. Da man das Seilspringen aber nicht lernt, wenn man es nur 1x oder 3-4x Mal im Jahr in der Turnhalle macht, sondern nur durch möglichst regelmäßiges Ausprobieren und Üben, gilt es, das Angebot so oft wie möglich in die Turnstunde zu integrieren. Eine Ecke der Halle z.B., in der statt einer zusätzlichen Gerätestation Seile liegen und eine Tafel, ein langes Seil oder ein Karteikästchen, in dem sich vielfältige Seilspiel- oder -sprungaufgaben befinden, aus dem sich alle Teilnehmer nach Lust und Laune bedienen können, ist für das Seilspringen reserviert. Hier hat die Übungsleiterin viel bessere Möglichkeiten, Hilfen und Tipps zu geben oder Fehler zu korrigieren als in der großen Gruppe.

Die Bewegungsaufgaben, die wir auf den folgenden Seiten von unserer neuen „Expertin" auf dem Gebiet des Seilspringens vorgestellt bekommen, lassen sich sehr leicht kopieren, vergrößern und entsprechend herstellen und nicht nur die Kinder finden daran Spaß. Wie groß ist erst die Freude, wenn unsere „Expertin" (siehe „Kreativecke", S. 92) Einzug in die Kinderzimmer und Wohnungen unserer Teilnehmer gehalten hat und dort täglich zu neuen Rekorden auffordert. Doch nun stellen wir sie euch erst einmal vor:

„Guten Tag, ich bin eine Seilspringmaus, seh wie viele Mäuse aus und doch bin ich eine besondere Maus. Mein Schwanz ist so schön superlang, dass ich ihn anfassen und wahrhaftig, ihr werdet es vielleicht nicht glauben, damit Seilspringen kann.

Jeden Tag versuche ich, etwas Neues hinzuzulernen oder meinen eigenen Springrekord zu verbessern. Wenn ihr Lust habt, macht doch einfach mit. Ich habe mir all meine Übungen aufgeschrieben und wiederhole sie, so oft ich kann. Doch fangen wir von vorn an:

Zuerst möchte ich euch noch meine wichtigsten Schwung- und Sprungarten vorstellen:

Schwingen – heißt, das Seil mit einer oder mit beiden Händen, allein oder paarweise dicht über dem Boden hin- und herschwingen.

Schlagen – mit beiden Händen/Armen einen Bogen vorwärts oder rückwärts um den eigenen Körper schlagen.

Großer Bogen – zu zweit, jeder an einem (längeren) Seilende, große Bögen schlagen.

Laufen – über das Seil oder im Seil laufen (ein oder mehrere Schritte pro Durchschlag).

Hüpfen – die Füße springen nacheinander ab und landen nacheinander.

Springen – beidbeinig möglichst mit geschlossenen Füßen springen.

Hinken – einbeinig springen (Beinwechsel!).

Gleichgültig, welche Aufgabe ich gerade übe, zähle ich die gelungenen Sprünge. Als ich noch nicht zählen konnte, haben mir meine Eltern dabei geholfen, doch jetzt kann ich es allein. Habe ich einen neuen Rekord geschafft, schreibe ich mir die gesprungene Anzahl sofort auf das Seilspringmaus-Poster (siehe S. 54, 55).

Also, habt ihr ein Springseil? Dann macht doch mit!

Die ersten Übungen sind für ganz kleine Springmäuse, aber ihr werdet schon merken, dass es immer schwieriger wird.
Viel Spaß!"

Steckt euch das einen Seilende wie einen Schwanz hinten in die Hose. Die Großen (Eltern) stecken es in den Schuh bzw. Strumpf. Lauft, hüpft oder springt so lange ihr könnt. Wenn ihr stehen bleibt, schaut ihr nach, wie euer Seilschwanz liegt und versucht

- über das Seil zu hüpfen.
- zu springen.
- auf allen Vieren zu laufen.
- eine Stützhocke oder Hockwende über das Seil zu springen.

Paarweise das Seil an den Enden festhalten und ausschlagen – nicht loslassen!

Schwingen – paarweise das Seil halten und mit der einen Hand über dem Boden hin- und herschwingen:

- Mit der anderen Hand.
- Mit beiden Händen.
- Mit hoch erhobenen Armen.

Bogen – das Seil am Stuhl, der Sprossenwand o. Ä. festbinden, das andere Ende festhalten und schöne Bögen schlagen:

- Mit der anderen Hand.
- Mit beiden Händen.
- Mit hoch erhobenen Armen.
- Schlagen und dabei die Hände wechseln.

Großer Bogen – paarweise das Seil halten und mit der einen Hand einen schönen Bogen schlagen. Auf dem Boden aufschlagen lassen.

- Mit der anderen Hand.
- Mit beiden Händen.
- Schlagen und dabei die Hände wechseln.

Hüpfen – legt das Seil lang auf den Boden und hüpft von einer Seite auf die andere.

- Das linke Bein zuerst.
- Das rechte Bein zuerst.
- Mit hochangezogenen Knien.

Laufhüpfer – legt mehrere Seile hintereinander auf den Boden und hüpft nun über alle Seile.

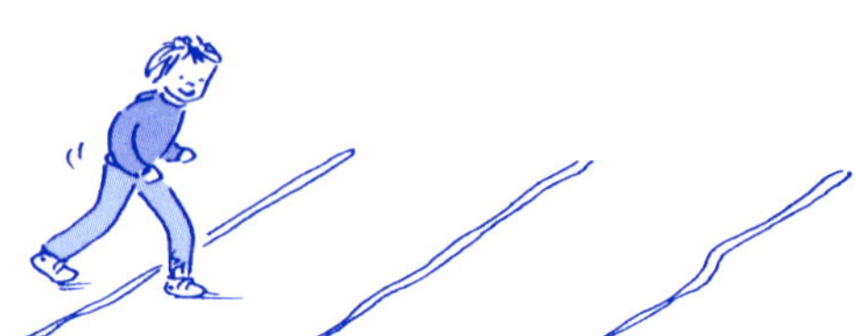

Schnelle Laufhüpfer – legt mehrere Seile so dicht hintereinander, dass nur ein Schritt dazwischen passt und nun hüpft über alle.

- Versucht es immer schneller.
- Probiert es mit angezogenen Knien.

Springen – legt das Seil auf den Boden und springt im Schlusssprung über das Seil.

- Versucht es rückwärts.
- Mehrmals vorwärts und rückwärts im Wechsel.

Seitwärts springen – legt das Seil lang auf den Boden und beginnt an einem Ende. Springt ans andere Ende jeweils von links bzw. rechts über das Seil.

- Probiert es in der Hocke.

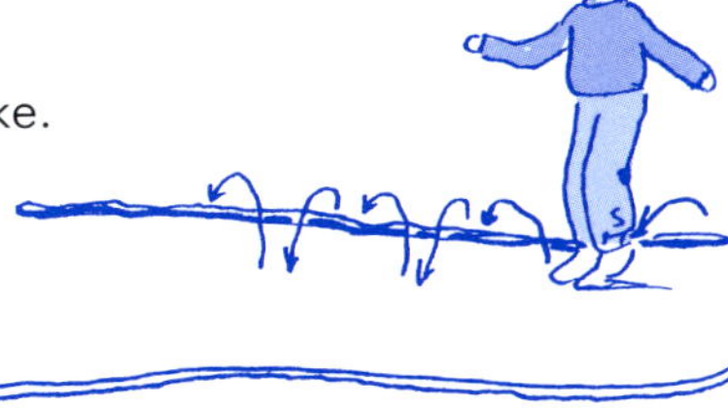

Synchronspringen – legt das Seil lang auf den Boden und beginnt an einem Ende. Versucht, paarweise (mit oder ohne Handfassung) gleichzeitig über das Seil zu springen.

- Versucht es mit einem Partner. nebeneinander vor- und rückwärts.
- Versucht es mit einem Partner seitwärts, dabei schaut ihr euch an.
- Probiert es mit einem Partner hintereinander.

Hocksprünge – legt das Seil auf den Boden, setzt die Hände über das Seil und hockt mit den Füßen/Beinen hinterher.

Hockwenden – legt das Seil auf den Boden und turnt Hockwenden von einem Seilende zum anderen.

Im Schwung - zwei Familien oder Paare wechseln sich ab. Zwei schwingen das Seil langsam und vorsichtig dicht über dem Boden, die beiden anderen versuchen, über das schwingende Seil

- zu steigen.
- zu hüpfen.
- zu springen.

In Bewegung – mehrere Paare (anfangs Erwachsene) halten ihre Seile im leichten Bogen und bewegen sich frei im Raum und auf die wartenden Kinder zu. Die Teilnehmer steigen, hüpfen oder springen sofort über das Seil, wenn es auf sie zukommt.

Im hohen Bogen – zwei Familien oder Paare wechseln sich ab. Zwei stehen mit dem Seil hinter den Fersen bereit zum Sprung, die anderen beiden schlagen das Seil in einem schönen Bogen vor die Springer, die sofort hinüberspringen.

- Versucht es auch rückwärts.

Allein hin- und herschwingen – beide Hände fassen die Seilenden. Mit weit ausgestreckten Armen schwingt das Seil vor dem Körper von links nach rechts.

Allein vor- und zurückschwingen – beide Hände fassen die Seilenden. Der linke Arm wird nach links ganz ausgestreckt, das Seil schwingt an der linken Körperseite vor und zurück.

- Versucht es auf der anderen Seite.

Seilsprung – das Seil an beiden Enden festhalten und es hinter dem Körper/den Füßen am Boden liegen lassen. Mit ausgestreckten Armen einen schönen Bogen nach vorn schlagen, bis das Seil vor den Füßen am Boden liegt. Versuche, über das Seil

- zu steigen.
- zu hüpfen.
- zu springen.
- zu hinken.

Wie oft schaffst du es?

Rückwärts schlagen – das Seil an beiden Enden vor dem Körper festhalten. Den Bogen mit ausgestreckten Armen nach hinten schlagen. Versuche, über das Seil

- zu steigen.
- zu hüpfen.
- zu springen.
- zu hinken.

Schaffst du es schon ohne Pause?

Laufen auf der Stelle – versuche, bei jedem Seildurchschlag nur einen Schritt zu machen. Du musst jetzt schneller schlagen.

- Versuche es mit angezogenen Knien.

Zwischenhüpfer – schlage hohe Bögen und springe erst nach einem Zwischenhüpfer wieder über das Seil.

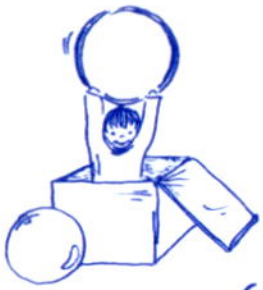

Von einer Seite zur anderen – des Raumes versucht ihr, mit vielen schönen Bögen

- zu steigen.
- zu laufen.
- zu hüpfen.
- zu springen.
- zu hinken.
- im Seitgalopp zu springen.

Seilpaar – stellt euch zu zweit nebeneinander, jeder hält ein Seilende und versucht, synchron zu schlagen und zu springen.

Paarseil – zwei Springer stehen sich gegenüber, einer schlägt, während beide springen.

- Der erste Springer schlägt und springt.
- Der zweite versucht während des Springens hinzuzuspringen.

Gruppenschwung – zwei Teilnehmer schlagen ein längeres Seil und die anderen stellen sich allein, zu zweien oder mehreren auf eine Seite des Seils. Beginnt das Seil zu schwingen, springen alle über das Seil.

- Versucht, mit Anlauf in das schwingende Seil hineinzuspringen und wieder herauszulaufen.

Gruppensprünge – zwei Teilnehmer schlagen schöne Bögen mit einem längeren Seil gegen den Uhrzeigersinn. Die Springer stehen an der linken Seite bereit, versuchen, in den Bogen hineinzulaufen, ein- oder mehrmals zu springen und auf der rechten Seite zum anderen Seilschläger hinauszulaufen.

- Zu zweit oder mit mehreren synchron hineinspringen und rauslaufen.

Verkehrte Welt – zwei Teilnehmer schlagen ein längeres Seil im Uhrzeigersinn. Die Springer stehen an der linken Seite bereit, versuchen, über den Bogen hineinzuspringen, ein- oder mehrmals zu springen und auf der rechten Seite zum anderen Seilschläger hinauszulaufen.

Schnelle Post – zwei Teilnehmer schlagen gegen den Uhrzeigersinn, alle anderen laufen von links schnell hintereinander in den Bogen hinein, jeder springt nur 1x und läuft sofort wieder hinaus, sodass kein Bogen leer geschlagen wird.

Schiffchen auf hoher See! – Zwei Teilnehmer schwingen und schlagen. Ein oder mehrere Springer stellen sich auf der einen Seite neben das Seil und alle beginnen die Textzeile „Schiffchen auf hoher See“ zu sprechen. Dazu wird das Seil im Takt geschwungen und die Springer springen anfangs mit Zwischensprung. Langsam steigert sich das Tempo und beim dritten Mal wird das Seil richtig geschlagen, die Springer springen ohne Zwischensprung. Schließlich wird es immer schneller, bis irgendjemand einen Fehler macht.

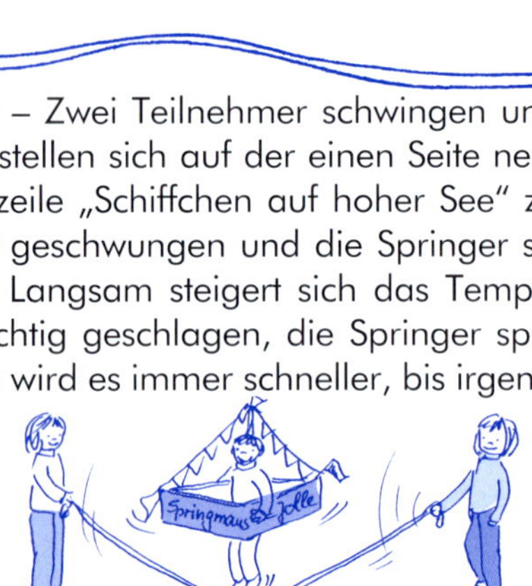

Neuer Seilspringmaus-Rekord-Versuch

Springmaus, Springmaus, komm herein,
Springmaus, du bist nicht mehr klein.
(Für Könner: ... spring auf einem Bein.)
Springmaus, Springmaus, spring ein Stück,
erst nach vorn und dann zurück.
Springmaus, nenn uns den Rekord ... z. B. 6.
Achtung, brich ihn jetzt sofort.
1, 2, 3, 4, 5, 6, 7, 8!

Einer springt und schlägt allein oder zwei Teilnehmer schlagen das Seil, während jeweils ein anderer hineinspringt. Nun versucht jeder, seinen letzten Rekord zu brechen.

„Hallo, jetzt habt ihr aber schon viel gelernt. Übrigens, wenn wir Springmäuse es besonders schön machen wollen, hüpfen und springen wir ganz leise auf Zehenspitzen.

Habt ihr eure gelungenen Sprünge schon einmal gezählt? Ihr könnt ja am Anfang auch eure Eltern oder Freunde zählen lassen.

Wenn ihr Lust habt, schreibt die Anzahl der gelungenen Sprünge auf das Poster der folgenden Seiten. So könnt ihr sehen, was ihr lange nicht geübt habt oder welchen eurer eigenen Sprungrekorde ihr als Nächstes brechen möchtet. Bis zum nächsten Mal! Eure Seilspringmaus!“

NAME ....

SeilspringMaus

DATUM/ANZAHL

DATUM/ANZAHL

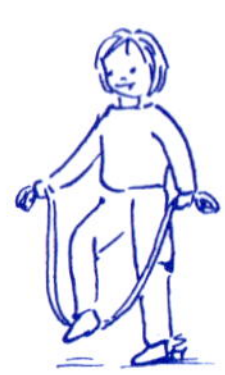

DATUM/ANZAHL

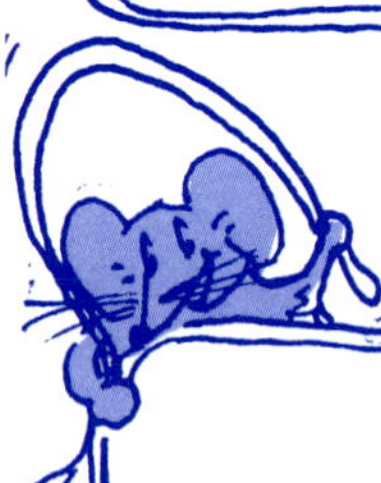

DATUM/ANZAHL

DATUM/ANZAHL

LIEBLINGSSPRUNG

___-Rekord-Poster

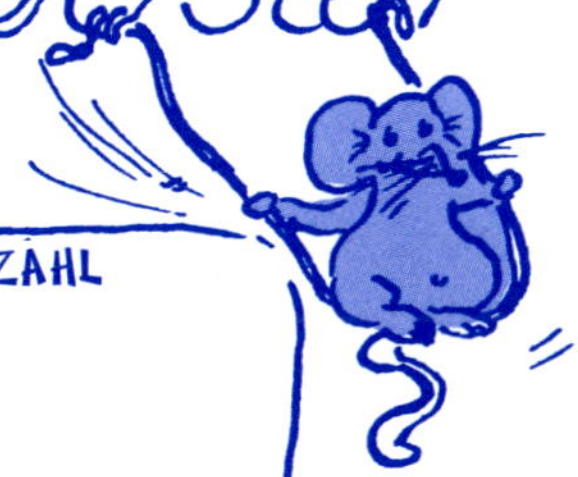

DATUM/ANZAHL

DATUM/ANZAHL

DATUM/ANZAHL

DATUM/ANZAHL

DATUM/ANZAHL

Und nun von mir –
einen donnernden Seilspringmaus-Applaus ....

BEWEGUNGSGESCHICHTE

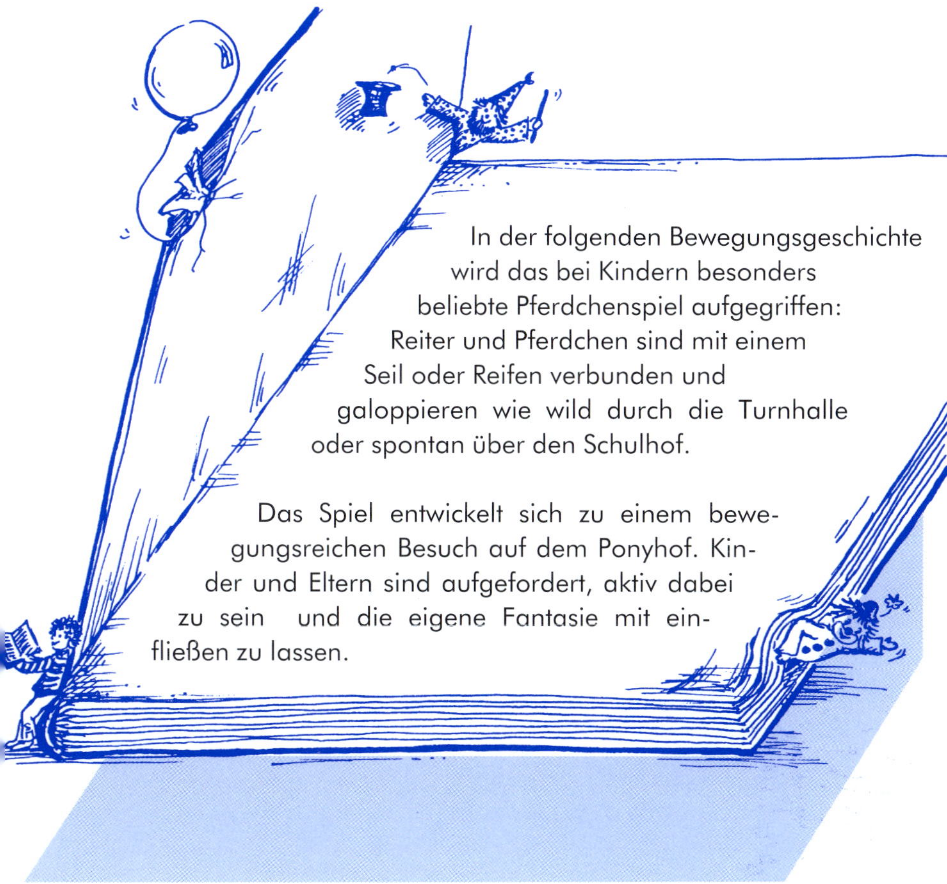

In der folgenden Bewegungsgeschichte wird das bei Kindern besonders beliebte Pferdchenspiel aufgegriffen: Reiter und Pferdchen sind mit einem Seil oder Reifen verbunden und galoppieren wie wild durch die Turnhalle oder spontan über den Schulhof.

Das Spiel entwickelt sich zu einem bewegungsreichen Besuch auf dem Ponyhof. Kinder und Eltern sind aufgefordert, aktiv dabei zu sein und die eigene Fantasie mit einfließen zu lassen.

Zu Besuch auf dem Ponyhof

Als echte Pferdefreunde verbringen wir in diesem Jahr unsere Ferien auf dem Ponyhof. Dort können wir den ganzen Tag mit den Tieren zusammen sein, mit ihnen spielen und Abenteuer erleben.

Da die meisten Ponys vormittags noch im Stall stehen und erst nachmittags auf eine Koppel gehen oder ausgeritten werden, haben wir große Lust, die Ponys im Stall zu besuchen.

Gemeinsam bauen alle Teilnehmer den Ponyhof (siehe Zeichnung) mit mehreren Boxen und Futterständen.

MATERIAL: zwei große Kästen, ein großes Schwungtuch, Kasteninnenteile, Matten, farbige Kartenstreifen, Stifte, Klebekrepp, Material zum Bauen eines Hindernisparcours für Ponys wie z. B. Hütchen, Seile, usw.

Jedes Pony hat im Reitstall eine eigene Box: Das ist ein richtiges kleines Zimmer, in dem es sich gut bewegen und auch hinlegen kann.

Meistens schauen die Ponys neugierig aus einem Fenster heraus.

Die Kinder suchen sich ein Kasteninnenteil als Box und imitieren das Verhalten der Ponys.

Wenn ein Pony neu auf den Ponyhof kommt, hat es noch keinen Namen. Also müssen wir zunächst einen lustigen Namen aussuchen.

Das Schild wird über der Box des Ponys aufgehängt. Welchen Namen würdet ihr eurem Pony geben? Wie könnte ein Schild für euer Pony aussehen?

Die Kinder denken sich Pferdenamen aus, z. B. Sahneschnute, Kleiner Onkel, Wölkchen, Blacky, Sternenkind, Teddy, Prinzessin.

Eventuell kann jedes Kind ein Schild für das Pony malen und an einer Box befestigen.

Seid ihr nicht auch der Meinung, dass die Ponys lange genug im Stall waren? Wir bringen sie nach draußen auf die Weide. Habt ihr eine Idee, wie sich Ponys bewegen?

Kinder probieren die verschiedenen Gangarten aus, z. B.:

Schritt:	*langsames Gehen*
Trab:	*schnelles Gehen, Traben*
Galopp:	*Laufen, Galoppsprünge, Rennen*

Endlich möchten die Ponys mit euch in den Wald ausreiten. Vielleicht muss euer Pony über einen Baumstamm springen, der im Weg liegt, durch einen Bach hindurchwaten oder schnell über ein Stück Wiese galoppieren. Was fällt euch außerdem noch ein?

Die Kinder spielen jetzt paarweise Pferd und Reiter, Reifen oder Seile dienen dabei als Zaumzeug. Das Seil wird über die Schulter des Kindes gelegt und unter den Armen wieder nach hinten geführt.

Auch Ponys bewegen sich gern zur Musik:
CD Tip ... Tap ... Instrumentalmusik für Notenhopser und Leiseschleicher, beispielsweise Track 9 „Wechselhüpfer": Zur Musik, die zum Hüpfen und Springen herausfordert, bewegen sich alle frei durch den Raum. Bei Musikstopp werden die Rollen getauscht.

Wie können wir einem Pony beibringen, wann es losgehen und wieder anhalten soll? Wann es nach rechts oder links gehen soll?

Die Reitlehrerin (Übungsleiterin) vereinbart mit den Kindern bestimmte Kommandos, die von den Kindern ausprobiert werden:

Los! Geh!
Brr! Halt! Stopp!
Hopp, hopp!
Mit der Zunge schnalzen.
Linkes bzw. rechtes Ziehen am Zügel.
Streicheln, wenn das Pony bockig ist, mit den Füßen stampft, schnaubt und wiehert.

Die Reiter führen ihre Tiere für eine kleine Verschnaufpause in den Stall zurück. Hier wird geruht, gestriegelt oder gefüttert. Vor dem Verlassen des Stalls werden jeweils die Rollen getauscht.

Besonders viel Spaß haben Ponys, wenn sie über Hindernisse springen können. Welche Möglichkeiten gibt es, mit verschiedenen Materialien (wie Hütchen, Stäbe, Matten, kleine Kästen, Seilchen, einer Bank, Schaumstoffbausteine, Zauberschnur) einen Hindernisparcours für Ponys aufzubauen?

Mit den Kindern gemeinsam einen Parcours aufbauen. Wie der Parcours letztendlich aussieht, hängt von den Einfällen der Kinder ab.

Die Ponys sind schon sehr gespannt und daher ein wenig unruhig. Sie wollen sofort den neuen Springparcours ausprobieren.

Wie könnt ihr allein, zu zweit oder zu mehreren den Parcours überwinden? Findet immer wieder neue Wege, die Hindernisse zu überspringen.

Wer möchte ein Leitpony spielen und sich einen Weg durch die Hindernisse ausdenken? Alle anderen Ponys versuchen, dem Leitpony zu folgen.

Habt ihr weitere Ideen, die Hindernisse so zu verändern, dass sie höher und schwieriger werden?

Die Ponys haben sich nach so einem erlebnisreichen Tag auf jeden Fall eine Belohnung verdient. Besondere Leckerbissen für Ponys sind neben Heu und Hafer auch Äpfel und Möhren. Wir füttern und putzen die Ponys. Danach bringen wir sie wieder zurück in den Stall.

Die Kinder bilden wieder Paare, füttern sich pantomimisch in der Futterkammer und striegeln ihr Pony (z. B. mit Igelbällen).

Für uns geht ein erlebnisreicher Ferientag auf dem Ponyhof zu Ende. Wir sind sicher, dass wir diesen Ponyhof bestimmt noch einmal besuchen!

Bei den folgenden kleinen Reiterspielen können sowohl Reiter als auch Ponys ihre Ausdauer, Kondition und Geschicklichkeit trainieren. Für einige Spielideen werden ungewöhnliche Materialien eingesetzt, sodass viele neue Bewegungserlebnisse in der Turnhalle garantiert sind.

Besen-Polospiele

Material: Jede Kleingruppe bzw. jedes Kind erhält einen Besen oder zwei Kinder teilen sich einen Besen, verschiedene Materialien je nach Anzahl der Kinder auch doppelt (ein großer und ein kleiner Ball, Luftballon, Tuch, Sandsäckchen, Teppichfliese, Styroporflocke ...), Parcours z. B. aus einem Stecksystem mit Stäben, Reifen und dazugehörigen Tellerfüßen, Slalomhütchen oder andere Hindernisse wie Schrägen oder Tunnel.

Spielidee 1:

Jedes Kind bzw. zwei Kinder bekommen einen Besen, die Borsten sollen während des Spiels immer den Boden berühren. Als Reiter auf Ponys galoppieren sie mit dem Besen und einem selbst gewählten Gegenstand durch einen Parcours.

Nach einer Experimentierphase werden den Kindern offene Bewegungsaufgaben gestellt, z. B.: Wie gelingt es euch, mit dem Besen und dem Luftballon, die andere Hallenseite zu erreichen, ohne diesen zu verlieren? Mit welchen Materialien ist es leicht bzw. schwierig, den Parcours zu überwinden?

SPIELIDEE 2:

Die Kindergruppe teilt sich, damit auf jeder Hallenseite die gleiche Anzahl der Kinder bereit steht. Jeweils der erste Teilnehmer aus der Kleingruppe wird mit einem Besen und einem Gegenstand (Ball, Teppichfliese, Sandsäckchen usw.) ausgerüstet und versucht, diesen mit dem Besen durch einen Parcours zu kehren.

Auf der anderen Seite angekommen, wird der Besen an das dort wartende Kind übergeben, welches nun einen anderen Gegenstand durch den Parcours führt. Das Spiel ist beendet, wenn alle Kinder der Gruppe 1x die Seite gewechselt haben.

SPIELIDEE 3:

MATERIAL: Jedes Kind benötigt einen Besen, einen Ball für das Spiel (es kann nach Belieben ein Tennis-, Softball oder Luftballon eingesetzt werden), zwei Tore (je nach Schwierigkeitsgrad eventuell kleine Kästen oder Kastendeckel auf die Seite legen – mit der Öffnung nach vorne) –.

Die Kinder bilden zwei Polomannschaften. Jedes Kind ist mit einem Besen ausgerüstet, mit dessen Hilfe der Ball ins gegnerische Tor befördert werden soll.

Hufeisenwürfelspiel

Material: Schaumstoffwürfel, die Zahl 6 wird mit einem Hufeisenbild überklebt, Hufeisen-Bild (siehe „Kreativecke“, S. 94).

Die Kinder spielen Ponys und durchlaufen vier Stationen. Jeder Station wird eine Würfelzahl zugeordnet.

Anfangs kann die Gruppenleitung die Reitlehrerin spielen. Die Ponys traben, galoppieren oder hüpfen in einer Richtung durch den Parcours. Nach einigen Runden, ruft die Reitlehrerin laut: „Achtung: Hufeisen“, was bedeuten soll, dass alle stehen bleiben, weil nun gewürfelt wird.

Der Würfel zeigt eine:

1 – alle Ponys laufen schnell zu den Hindernissen,springen darüber und laufen darunter.
2 – gehen auf die Wippe.
3 – gehen über die Brücke.
4 – stellen sich in eine Ponybox.
5 – jedes Pony sucht sich eine Lieblingsstation aus.
Hufeisen – ein anderes Kind wird ausgesucht, das die Reitlehrerin für eine Runde spielen möchte und würfelt weiter.

Haben alle Ponys die jeweiligen Stationen gefunden, laufen sie wieder weiter durch den Parcours, bis sie das Signal: „Achtung: Hufeisen“ hören.

DIE STATIONEN:

HINDERNISSE

MATERIAL: Kreppbänder, vier Slalomstangen, kleine Matten.

AUFBAU:

WIPPE

MATERIAL: Kastendeckel, eine Bank, Matten zur Absicherung.

AUFBAU:

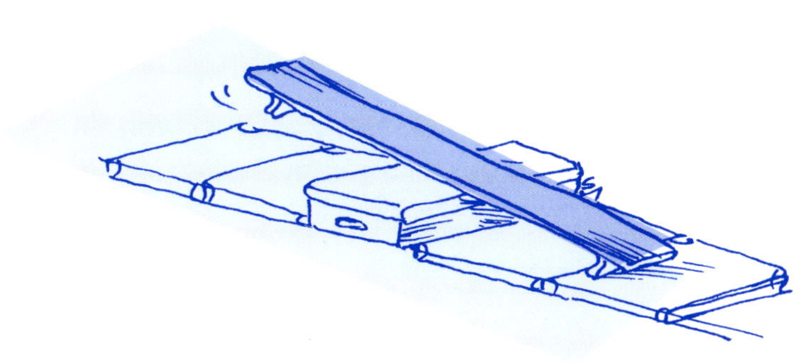

Brücke

Material: Vier kleine Kästen, zwei Bänke.

Aufbau:

Ponybox

Material: Mehrere Autoreifen oder Holzreifen auf dem Boden verteilen.

Freie Auswahl

Die Ponys suchen sich ihre Lieblingsstation aus.

Hufeisen

Du spielst die Reitlehrerin und würfelst eine Runde lang weiter.

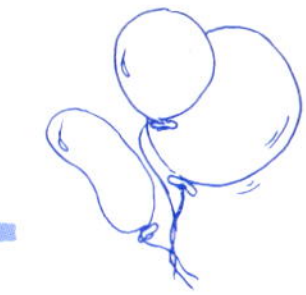

Ponyspiele mit "Scheuklappen"

Material: Augenklappen (z. B. erhältlich in Apotheken oder von Flugreisen mitbringen und sammeln, Augenklappen für Piraten oder Masken für Karneval) bzw. Tücher oder die Kinder mit den Händen ihre Augen verdecken lassen.

Spielidee 1:

Zwei Kinder spielen Reiter und Pony. Sie denken sich einen eigenen Namen für das Pony aus. Nun erhält das Pferdchen Scheuklappen. Entweder wird eine Augenklappe verwendet oder das Kind hält sich mit seinen Händen die Augen zu.

Der Reiter lockt das Pferdchen, indem er laut seinen Namen ruft, auf verschiedenen Raumwegen durch die Turnhalle. Anschließend findet ein Rollentausch statt.

Spielidee 2:

Material: Ein kleiner Kasten, Matte, Hasenstroh oder Bast, Äste oder Blätter.

Die vier Ecken der Turnhalle werden mithilfe verschiedener Materialien markiert, z. B. Futtertränke (kleiner Kasten), Heuballen (Hasenstroh oder Bast), Wald (Äste oder Blätter) und Stall (eine Matte).

Die Kinder spielen wieder Pony und Reiter. Das Pony mit den Scheuklappen wird mit lauten Namensrufen in eine der vier Ecken gelockt. Das Pony soll nun erraten, in welcher Ecke es sich befindet.

Wenn die Kinder sich mit geschlossenen Augen einigermaßen sicher bewegen, können alle Kinder Ponys spielen. Sie bekommen Scheuklappen und bewegen sich vorsichtig mit ausgestreckten Armen und tastenden Händen in der Halle, einem Geräusch (z. B. dem Klingen eines Schellenkranzes) folgend, fort. Nach einiger Zeit verklingt das Geräusch. Die Kinder sollen nun erraten, in welcher Ecke des Raums sie sich befinden.

SPIELIDEE 3:

Der Reiter erhält nun die Scheuklappe und versucht, sein Pferdchen unter vier verschiedenen Ponys am Wiehern zu erkennen. Leichter wird es, wenn der Reiter die Ponys auch betasten darf.

ATTRAKTIVE AKTION

Ungewohnte Töne klingen aus der Turnhalle:

„Hüh, hüa, hey, hoh, hopp,
Brrrr, halt, stopp, schnalzen,
im Arbeitstempo Teeeerab,
Gaaaalopp ... und Hufeklappern?"

Erstes großes Ponyreitturnier

Alle kleinen und großen Turner
heißen wir herzlich willkommen zum Traben,
Galoppieren, zu kleinen Mächtigkeitsspringen,
zum Voltigieren, zum Kutschefahren und vielen
anderen Reiterlebnissen.

In diesem Turnier geht es nicht darum, dass
Ponys und Reiter prächtig heraus-
geputzt sind, sondern dass sich
alle gut verstehen, aktiv, fit
und munter die Turnier-
aufgaben lösen und
sich so richtig
wohl fühlen.

Ponyreitturnier in der Turnhalle

Ponys in der Turnhalle?
Sie brauchen Heu und Stroh, und was machen wir mit den Pferdeäpfeln?

Keine Angst – unsere Ponys verursachen keinen Schmutz, es sind unsere kleinen und großen Turnkinder, die sich dadurch auszeichnen, dass sie ihre vielseitigen „Pferdigkeiten“ mit Freude präsentieren, z. B. die Fähigkeit zu gehen, zu laufen, zu springen, verschiedenste Hindernisse zu überwinden, kleine Kunststücke zu üben und vorzuführen, alle Kräfte zu mobilisieren beim Kutscheziehen und am Ende voller Stolz ihre Mähne mit der Siegerschleife schütteln.

Auch ihre Reiter sind sehr zuverlässig, sie helfen tatkräftig bei allen anfallenden Arbeiten, z. B. dem Aufbau des Turnierplatzes, den notwendigen Um- und Abbauten, kümmern sich liebevoll um alle Pferde, probieren Neues, üben und verbessern ihre Sprung- und Reitkünste und sind mit Spaß und Feuereifer dabei.

Natürlich müssen die zuständigen Turnierleiterinnen (Übungsleiterinnen, Erzieherinnen, Lehrerinnen) vorher gut überlegen, wie diese Idee in einer Turnhalle verwirklicht werden kann.

Eine entscheidende Frage wird sein, ob es ein ein- oder mehrtägiges Turnier werden soll, d. h., planen wir 3-4 Übungsstunden hintereinander zu diesem Thema oder wird es eine besondere Aktion, z. B. vor den Ferien oder sogar an einem Wochenende?

Auf den folgenden Seiten haben wir einen Katalog von Ideen und Bewegungsaufgaben zusammengestellt, die je nach Umfang und Dauer des Turniers in beliebiger Form kombiniert werden können. Selbstverständlich müssen dabei der zur Verfügung stehende Raum, die Geräte und Materialien und vor allem das Alter und die Anzahl der Kinder bzw. Teilnehmer berücksichtigt werden.

Für eine umfangreichere „Attraktive Aktion" lassen sich zusätzlich die Anregungen der anderen Praxisbereiche dieses Bandes mit einbeziehen.

Mit dem Trainingsparcours für die Reiter verfolgen wir das Ziel, den Teilnehmer eine kleine Sprungschulung zu vermitteln: anlaufen, abspringen und aufknien oder aufhocken auf verschiedene Geräte in differenzierten Höhen.

Sprungbretter finden dabei bewusst keine Berücksichtigung. Die meisten Vor- und Grundschulkinder schaffen den richtigen Absprung – aus dem Anlauf einbeiniger Absprung vor dem Brett und beidbeiniger Absprung am hinteren Ende des Brettes – noch nicht, daher bauen wir die Geräte lieber niedriger und bieten den Kindern eine schmale Absprungzone mit einem Seil, Klebeband oder zwei Fußabdrücken an.

Für einige Aufgaben wird den Ponys Zaumzeug angelegt, damit man sie am Zügel führen kann. Den Teilnehmer wird ein Seil über die Schultern gelegt und die Enden unter den Achseln durchgeführt.

Alle Turnierplatzaufbauten mit den dazugehörigen Bewegungsanregungen können kopiert werden und den Turnierbesuchern – Ponys und Reitern – an den entsprechenden Stationen als Orientierungshilfe und Bewegungsanregung dienen.

Am Ende belohnt die Turnierleitung alle mit einem Reiterabzeichen und Schleifen (siehe „Kreativecke", S. 90 und 91).

Auf die Ponys! Kommt jetzt mit – los geht es im Schritt ...
Macht nicht schlapp – lauft im Trab ...
Ruf ich hopp – springt Galopp! ...

PONYSPRINGPARCOURS — DER DOPPELOXER

MATERIAL: Matten, Kästen/Kastendeckel, Reckstangen/Stäbe.

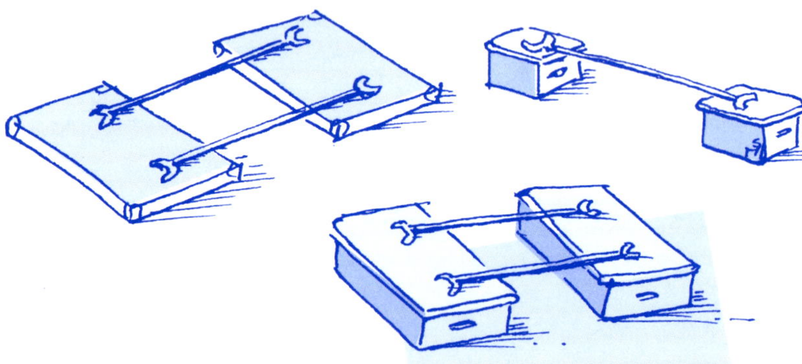

Eltern und Kinder	–	gehen, laufen, hüpfen oder springen allein über die Hindernisse.
Eltern und Kinder	–	turnen Stützhocksprünge oder Hockwenden über die Hindernisse.
Eltern und Kinder	–	führen sich abwechselnd gegenseitig am Zügel über die Hindernisse.
Eltern	–	nehmen ihre Kinder huckepack, auf die Schultern oder auf allen Vieren auf den Rücken und überwinden die Hindernisse.
Kinder	–	steigen als Reiter auf und halten sich gut fest.

– KOPIERVORLAGE –

PONYSPRINGPARCOURS DIE MAUER

MATERIAL: Pappkartons, Schaumstoffteile, (Mauer-)Tapete, Stoffe.

Eltern und Kinder – steigen, hüpfen oder springen allein über die Mauer.

Eltern – stellen sich zu zweit hinter die Mauer, fassen die Kinder an den Oberarmen an und helfen ihnen beim Überspringen aus dem Stand.

Kinder – geben den Eltern die Arme und springen im Schlusssprung über die Mauer.

Eltern und Kinder – turnen Hockwenden über die Mauer.

PONYSPRINGPARCOURS — DER WASSERGRABEN

MATERIAL: Blaue Tücher, Müllsäcke, Folienstreifen, Stäbe in Halterungen oder auf Schaumstoff/ Keksdosen/Pappkartons legen.

Eltern und Kinder – hüpfen und springen allein über den Wassergraben.

Eltern und Kinder – nehmen sich abwechselnd ins Zaumzeug und springen über den Wassergraben.

Paarweise – einigen sich beide auf eine Sprungart und versuchen, synchron über den Graben zu springen.

PONYLONGIERPLATZ

MATERIAL: Seile/Zauberschnur in unterschiedlichen Längen, Absperrband und Befestigungsmöglichkeit, kleine Hindernisse.

Im Arbeitstempo: Scheeeritt! Teeerab! Galopp!

Eltern und Kinder – legen sich abwechselnd die Longe an und verändern je nach Ansage auf der Kreisbahn die Gangarten: Schritt, Trab, Galopp.

Eltern und Kinder – probieren die unterschiedlichen Gangarten auch auf allen Vieren aus.

Mehrere Kinder – oder Eltern werden nebeneinander an die Longe genommen und bewegen sich gemeinsam, versuchen es auch im Gleichschritt.

— KOPIERVORLAGE —

PONYDRESSUR

MATERIAL: Klebeband, Zaumzeug, Seile.

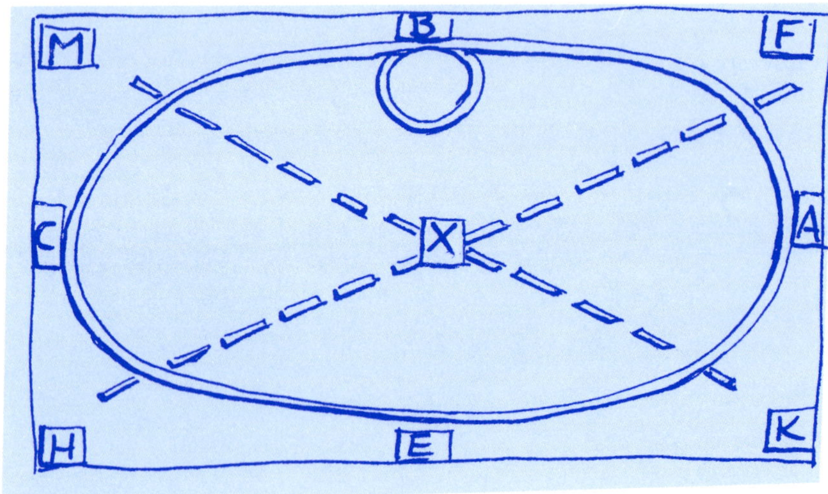

Eltern und Kinder – im Schritt gehen, traben, hüpfen und galoppieren vorwärts auf den vorgegebenen Linien – allein, hinter-, nebeneinander.

Eltern und Kinder – im Schritt gehen, traben, hüpfen und galoppieren rückwärts auf den vorgegebenen Linien – allein, hinter-, nebeneinander.

Einen Zirkel reiten – auf einer großen Kreisbahn über die halbe Bahn im Schritt gehen, traben, hüpfen und galoppieren.

– KOPIERVORLAGE –

Eine Volte reiten – an der Stelle, an der man sich befindet einen kleinen Kreis im Schritt gehen, traben, hüpfen und galoppieren.

Kinder – reiten huckepack, auf den Schultern oder auf dem Rücken der Eltern (auf allen Vieren) mit.

Scheuklappenritt – den Eltern (Ponys) werden die Augen verbunden. Nun führen (oder reiten) die Kinder die Ponys über den Dressurplatz. Rollentausch!

Eltern – zeigen ihren Kindern eine Traversale erst im Schritt, dann im Trab. Dabei kreuzt ein Fuß vorn über den anderen und man bewegt sich diagonal vorwärts (mit Seitenwechsel).
Geht es auch auf vier Beinen?

Viele Ponys – reiten hinter- und nebeneinander verschiedene Figuren wie bei einer Polonäse auf dem Dressurplatz. Das macht sicher mit Musik noch mehr Spaß.

Trainingsparcours für die Reiter

– Treppauf- und Treppabsprung

Material: Weichboden oder Matten, eventuell auf Kastendeckeln oder kleinen Kästen.

Eltern und Kinder – gehen, laufen, hüpfen, springen, ohne die zu benutzen, auf den Weichboden/Matte und wieder herunter.

Eltern und Kinder – knien sich auf die Matte. Achtung, erst die Hände auf die Matte setzen und mit beiden Beinen abspringen.

Eltern und Kinder – hocken sich auf die Matte. Achtung, erst die Hände auf die Matte setzen und mit beiden Beinen abspringen.

Eltern und Kinder – knien/hocken sich auf die Matte und üben oben eine Rolle/Baumstammrollen, falls sie einmal vom Pony stürzen, dass sie sicher abrollen können.

– Kopiervorlage –

TRAININGSPARCOURS FÜR DIE REITER

- BANKSPRÜNGE

MATERIAL: Bänke, Matten, Medizinbälle, Seile

Eltern und Kinder – üben Hocksprünge über die lange Bank.

Eltern und Kinder – üben Hockwenden von beiden Seiten auf die Bank.

Eltern und Kinder – üben das Aufhocken, das Abgrätschen, aus der Grätsche wieder aufhocken usw. über die lange Bank.

Eltern und Kinder – üben Hockwenden über die gespannten Seile.

Eltern und Kinder – üben Hockwenden über die Bank.

Eltern und Kinder – üben Hocken über die Medizinbälle zwischen den Parallelbänken.

— KOPIERVORLAGE —

Trainingsparcours für die Reiter

-Kastensprünge

Material: Kleine Kästen, Matten, Kasten.

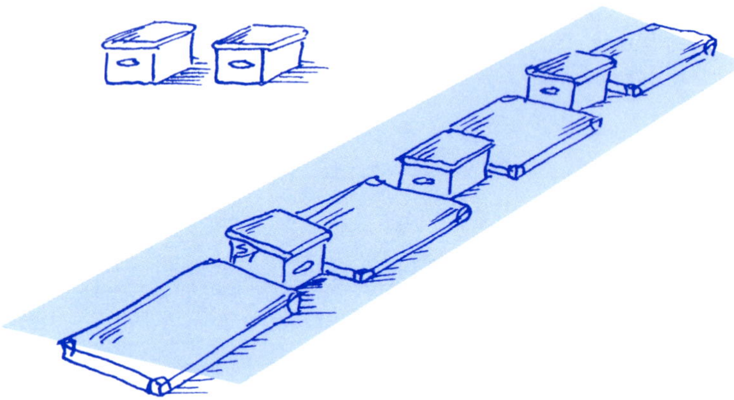

Eltern und Kinder – üben Hockstützsprünge zwischen den kleinen Kästen.

Eltern und Kinder – üben Hockstützsprünge von einem kleinen Kasten zum anderen.

Eltern und Kinder – knien auf die Kästen und springen oder rollen herunter. (Beide Hände auf den Kasten und beidbeinig abspringen.)

Eltern und Kinder – hocken auf die Kästen und springen oder rollen herunter. (Beide Hände auf den Kasten und beidbeinig abspringen.)

Eltern und Kinder – turnen Hockwenden auf die Kästen und wieder herunter. (Seitenwechsel!).

Trainingsparcours für die Reiter

– Aufsteigen- und -springen

Material: Kästen, Matten, Seile, Klebeband oder Fußabdrücke.

Ein guter Reiter muss elegant auf sein Pony steigen und manchmal schnell aufspringen. Dies kann hier geübt werden.

Eltern und Kinder – steigen auf den Querkasten auf, sitzen kurz im Reitsitz und steigen auf derselben oder der anderen Seite wieder ab, (Seitenwechsel).

Eltern und Kinder – springen aus dem Stand am Querkasten (beide Hände wie bei der Hockwende auf den Kasten setzen) in den Reitsitz, sitzen kurz und steigen wieder ab.

Eltern und Kinder – springen mit Anlauf, Hände auf den Kasten und beidbeiniger Absprung, in den Reitsitz und steigen schwungvoll wieder herunter. Dabei das Bein einmal hinten (Hände bleiben vor dem Körper) oder vorn (Hände sind hinter dem Po) über den Kasten schwingen.

Eltern und Kinder – knien auf die Längskästen, (beidbeiniger Absprung, Hände auf den Kasten), ziehen sich auf dem Bauch bis ans Ende, aufstehen und abspringen.

Eltern und Kinder – hocken mit Anlauf auf die Längskästen, (beidbeiniger Absprung, Hände auf den Kasten), Stützhocksprünge bis ans Ende, aus der Hocke einen Strecksprung vom Kasten.

Kleine und große Reiter müssen jederzeit damit rechnen vom Pferd zu fallen, daher ist es sehr wichtig, gut abrollen zu können.

Eltern und Kinder – hocken mit Anlauf auf die Längskästen, (beidbeiniger Absprung, Hände auf den Kasten), ziehen sich auf dem Bauch bis ans Ende und turnen eine Rolle vom Kasten.

Mutige Reiter – hocken mit Anlauf auf den Kasten und versuchen, die Rolle oben auf dem Kasten.

Mancher Reiter ist auch schon einmal im hohen Bogen vom Pferd geflogen, darauf bereiten wir uns mit der nächsten Übung vor.

Kinder – hocken mit Anlauf auf den Kasten und legen sich mit lang ausgestreckten Armen und ganz gespannt auf den Bauch.

Zwei Erwachsene – halten die Kinder am Oberarm und unter den Achseln, ziehen sie mit Schwung vom Kasten und stellen sie nach kurzem Flug sicher auf der Matte ab.

Voltigierpony und -pferd

Material: Ein Pferd mit einer Pausche, ein Kasteninnenteil mit einer Pausche (mit Klebeband und Seil befestigen), Matten, Dekoration – Kopf und Schwanz, eventuell Rollbretter.

Achtung – Sicherheitsstellung bei schwereren Übungen!

Beim Voltigieren kann sich jeder Reiter bei jeder Übung entscheiden, ob er diese auf dem Pony oder dem großen Pferd ausprobieren möchte. Zuerst wird am stehenden Pferd geübt.

Auf- und absteigen – Alle üben das Aufsteigen, beide Hände am Griff/Pausche, mit einem Bein überschwingen in den Reitsitz, kurz sitzen bleiben und auf der selben Seite wieder abschwingen.
Aufstiegshilfe am großen Pferd mit einer Räuberleiter.

Reitsitz – Alle aufs Pferd steigen, schwingen oder springen, freihändig sitzen und auf der anderen Seite wieder absteigen. Dabei das Bein wechselnd hinten oder vorn überschwingen.

Rückwärts – Aufs Pferd steigen, schwingen oder springen, im Sitzen umdrehen und rückwärts auf dem Pferd sitzen, abschwingen.

Kniestand – Aufspringen, aus dem Reitsitz in den Kniestand (auch freihändig), wieder in den Reitsitz und abschwingen.

Fahne – Aufspringen, aus dem Reitsitz in den Kniestand, dann ein Bein gestreckt hinten anheben (Kniewaage) Wer schafft es, sich dabei nur mit einer Hand festzuhalten?) Zurück in den Reitsitz und abschwingen.

Im Stehen – aufspringen, aus dem Reitsitz aufstehen, (vorwärts und rückwärts gehen, eine Drehung, einbeinig stehen, Standwaage) über den Reitsitz wieder abschwingen.

Partnerübung – nacheinander aufspringen, hintereinander (freihändig) im Reitsitz sitzen, einer steht auf und versucht, von vorn nach hinten zu wechseln und umgekehrt, beide stehen auf und setzen sich wieder, einer setzt sich bei dem anderen auf die Schulter usw. über den Reitsitz wieder absteigen.

In Bewegung – **Achtung, Hilfestellung auf jeder Seite!**
Pony oder Pferd auf Rollbretter stellen und langsam und gleichmäßig schieben.
Alle Übungen können geturnt werden. Auf- und absteigen im Stand.

— Kopiervorlage —

PONYKUTSCHEN

MATERIAL: Rollbretter, kleine Kästen, Kastendeckel, Matten, Mattenwagen, Seile.

Zuerst lernen Ponys und Kutscher die richtigen Kommandos:
Hü oder hüa – heißt los geht's!
Brrrr – heißt sofort anhalten!
Hooo – heißt ruhig, langsamer fahren!

An der Kutscherstation wechseln sich alle beim Kutscheziehen und Kutschefahren ab.

Ponys Striegelbox und Reiters Wellnessmatte

Material: Sprossenwand/Gitterleiter, Matten, Seile, unterschiedliche Striegel- bzw. Streichelmaterialien: Bürsten, Pinsel, Schwämme, Watte, Sandpapier usw.

Hier lassen sich Ponys und Reiter gegenseitig einmal so richtig schön verwöhnen.

Wer weiß, vielleicht gibt es am Ende sogar ein wenig Heu, Hafer und einen „Eimer Wasser".

— Kopiervorlage —

KREATIV-
ECKE

PONYSIEGERSCHLEIFE

MATERIAL: Krepppapier oder Schleifenreste, doppelseitiges Klebeband, alte Klemmhaarspange, großen, runden Papieraufkleber/Klebefolie.

Zwei Krepppapierstreifen schneiden, ca. 20 cm x 14 cm:

- Einen Streifen halbieren als Bänder.
- Einen Streifen falten und als Rosette zusammenziehen und mit den Bändern auf das Klebeband kleben.
- Alles an der Haarspange festkleben
- Den runden Aufkleber auf die Rosette kleben und mit Namen versehen.

Pony Reitabzeichen

____

hat die nachfolgenden Turnieraufgaben erfolgreich gelöst:

Herzlichen Glückwunsch!

DIE SEILSPRINGMAUS

MATERIAL: Helle oder graue, kopierfähige Pappe/Papier, (Baum-) Wolle, farbiges Schnürband.

- Die neben stehende Kopiervorlage kopieren oder als Schablone verwenden, ausschneiden und an den markierten Stellen lochen bzw. einschneiden.
- Die Barthaare zuschneiden und einziehen.
- Das Schnürband am Po festknoten, durch das eine Handloch ziehen (eventuell befestigen) und durch das andere Handloch führen. Dabei ein Ende überstehen lassen.

Fertig ist die Seilspringmaus!

Die Seilspringrekordmaus:

Auf ihren Schwanz können jeweils so viele bunte Perlen aufgezogen werden, wie der Punktestand des aktuellen Rekordes ist. Wird der Rekord gebrochen, werden neue Perlen dazugefädelt.

- KOPIERVORLAGE -

- HUFEISEN-

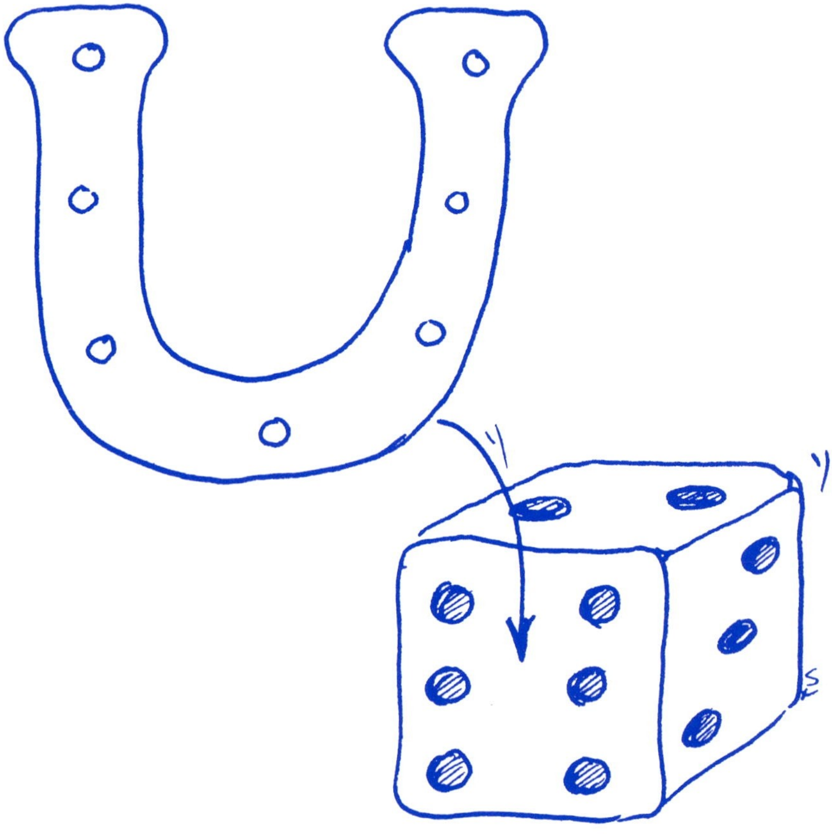

Im Blick: „Hier bewegt sich was“ – Praxisreihe:

Nr. 1: Jetzt geht's los!
Nr. 2: Tiere, Tiere, Tiere
Nr. 3: Herbst
Nr. 4: Winterzeit
Nr. 5: Zirkuswelt
Nr. 6: Allerlei Fahrzeuge
Nr. 7: Auf Reisen
Nr. 8: Zur Weihnacht
Nr. 9: Karneval der Tiere
Nr. 10: Auf dem Bauernhof
Nr. 11: Im Straßenverkehr
Nr. 12: Lichterfest
Nr. 13: Clownschule
Nr. 14: Wasserquatsch
Nr. 15: Weltraumreise
Nr. 16: Turnen im Adventskalender
Nr. 17: Im Frühling
Nr. 18: Auf dem Jahrmarkt
Nr. 19: Teddys Turnstunde
Nr. 20: Spuren im Winter
Nr. 21: Es geht rund in der Villa Kunterbunt
Nr. 22: Schiff Ahoi!
Nr. 23: Auf der Spielwiese
Nr. 24: Die Post geht ab!
Nr. 25: Riesen und Zwerge
Nr. 26: Im Zoo
Nr. 27: Rund ums Auto
Nr. 28: Würfel – Spiel – Spaß
Nr. 29: Märchenhaft
Nr. 30: Auf die Plätze ... fertig ... los!
Nr. 31: Mäuseschritt und Schweinsgalopp
Nr. 32: Besuch beim Nikolaus
Nr. 33: Allerlei Zauberei
Nr. 34: Tip ... Tap ... Notenhopser und Leiseschleicher
Nr. 35: Im Kaufhaus
Nr. 36: Sonne, Mond und Sterne
Nr. 37: Kleine Helfer – ganz groß
Nr. 38: Fliegende Tiere
Nr. 39: Vom Keller bis zum Dach
Nr. 40: Winterolympiade
Nr. 41: Jim Knopf, Benjamin und Philipp Maus
Nr. 42: Heimlich & Co.
Nr. 43: Bunt gewürfelt
Nr. 44: Rund um die Welt
Nr. 45: Kleine Turnhallengespenster
Nr. 46: Ab nach draußen!
Nr. 47: Der kunterbunte Farbentopf
Nr. 48: Winterwichtel
Nr. 49: Cowboys und Indianer
Nr. 50: Auf der Baustelle
Nr. 51: Im Dschungel
Nr. 52: Windfee, Regenmax und Wetterfrosch
Nr. 53: Fröhliche Ostern
Nr. 54: Gute, alte Eisenbahn
Nr. 55: Bei den Rittern
Nr. 56: Träumereinen
Nr. 57: Auf dem Spielplatz
Nr. 58: Sommer, Sonne, Strand und mehr
Nr. 59: Auf dem Ponyhof

Die Pipo-Reihe ist auch im Abo erhältlich!

Bitte senden Sie den Coupon an:

Meyer & Meyer Verlag
Von-Coels-Straße 390
52080 Aachen
Fax: 0241/ 9 58 10-10

verlag@m-m-sports.com
http://www.m-m-sports.com

Bestellcoupon

PIPO-ABO PIPO-ABO

Hallo Pipo,

Ich möchte „**Hier bewegt sich was**" ab der nächsten Ausgabe im Abonnement (vier Hefte jährlich) zum Preis von € 49,00 zuzüglich anteilige Porto- und Versandkosten beziehen. Das Abonnement gilt für ein Jahr. Es verlängert sich automatisch um ein Jahr zu den dann gültigen Bedingungen, wenn ich nicht sechs Wochen vor Ablauf der Abonnementslaufzeit kündige.

Name/Vorname

Verein/Kindergarten/Schule

Straße/Nummer

PLZ/Ort

Telefon

Datum 1. Unterschrift

Gewünschte Zahlungsweise

☐ Bequem und bargeldlos durch Bankeinzug

Konto-Nr.

BLZ

Geldinstitut

☐ gegen Rechnung

Mir ist bekannt, dass ich diese Bestellung innerhalb von einer Woche (Poststempel) schriftlich widerrufen kann.

Datum 2. Unterschrift

MEYER & MEYER VERLAG